# La vida está aquí

# La vida está aquí

Carmen Grazia

Círculo Rojo
EDITORIAL

Primera edición: febrero 2024

Depósito legal: AL 295-2024

ISBN: 978-84-1061-628-8

Impresión y encuadernación: Editorial Círculo Rojo

© Del texto: Carmen Grazia
© Maquetación y diseño: Equipo de Editorial Círculo Rojo

Editorial Círculo Rojo
www.editorialcirculorojo.com
info@editorialcirculorojo.com

Impreso en España — Printed in Spain

*A mi padre, Antonio, por invitar a mi madre a bailar
aquella tarde de verano de 1970.*

*A mi madre, Asunción, por aceptar la invitación
y enamorarse. Ese fue el día más importante de mi vida. Ahí
empezó todo, y si no fuera por ellos no estaría aquí.*

*A mis hijos Amadou y Mara, por enseñarme a ser mejor
cada día y por hacer realidad mi sueño de ser madre.*

Nadie te advirtió
que aquellas mujeres cuyos pies
cortas para evitar que corran
darían a luz
hijas con alas

Ijeoma Umebinyou, *Questions for Ada*

# CAPÍTULO 1.
## DAKAR, SENEGAL, 1962

*Dios es grande, Dios es grande.*
*Doy testimonio de que no hay nada que merezca adoración,*
*excepto Dios.*
*Doy testimonio de que Mahoma es el mensajero de Dios.*
*Ven a la oración, ven a la oración.*
*Ven al éxito, ven al éxito.*
*Dios es grande, Dios es grande.*

Estas fueron las primeras palabras que escuchó la recién nacida. Su padre, Babacar, se las susurró en su oído derecho nada más nacer. Minutos más tarde, corrió hacia la mezquita e informó al imán de que acababa de ser padre de una niña. El imán repitió estas mismas palabras tres veces a voz en grito, y de esta manera supieron los vecinos de la Medina que la joven Zeynab había parido por fin al bebé que esperaba.

La llegada de un nuevo miembro era siempre un motivo de alegría, no solo para sus padres, sino para todo el vecindario, ya que eso significaba que, pasados siete días, habría comida en abundancia para todos en la casa de los nuevos padres.

Las mujeres visitaron a la recién parida durante los seis días siguientes para masajearla con aceite de argán, alimentarla con caldo de pollo, galletas de harina de sésamo, buñuelos de almendra y nueces, y para asegurarse de que la niña estaba bien agarrada al pecho. Al séptimo día, bañaron a la bebé con raíces de menta y alheña.

El padre avisó a su hermana, Maimouna, para que llevara a cabo la *ablución*[1]. Esta afeitó la cabecita cuidadosamente, primero pasó la cuchilla por el lado derecho, después por el izquierdo. A continuación, le colocaron un gorrito de tela de color beis.

Cuando Maimouna, la hermana mayor de Babacar, terminó con el ritual de purificación, se llevó el pelo de la recién nacida para pesarlo. Volvió a los cinco minutos para informar de que el pelo pesaba tres gramos. Los nuevos padres, Babacar y Zeynab, entonces, le entregaron trescientas cefas al imán para la caridad y enterraron el pelo. Se acercaba el momento más esperado de la celebración. El imán preguntó:

—Y bien, ¿cuál es el nombre que has elegido para tu hija?

El padre susurró al oído del imán el nombre que había elegido. Se hizo el silencio. Todas las mujeres de la familia estaban pensando lo mismo. Todas querían que la niña se llamara como ellas. Todas deseaban ser homenajeadas con ese gran honor. Entonces el imán habló:

—¡Aminata!

---

[1.]Procede del vocablo latino *ablutio* y hace alusión al acto de lavar, limpiar o purificar. Se utiliza este término para referirse a los ritos purificadores que se llevan a cabo en alguna religiones antes de realizar la oración. En el caso de la religión islámica, este ritual debe realizarse antes de cada rezo. La primera ablución se realiza a los sietes días de nacer, justo antes de que el padre haga público el nombre. En esta primera ablución se retira todo el cabello del recién nacido, pues este se considera impuro. De esta manera, el pelo nuevo, ya purificado, puede empezar a crecer con más fuerza.

Todas se callaron. No había ninguna que se llamara así. El imán continuó hablando:

—Como la madre Mahoma, la paz y la bendición sean con él, así se llamaba la madre del único profeta de Alá. La mujer fiel, honrada, aquella en la que se puede confiar. Bienvenida seas al mundo, nuestra querida Aminata.

Repartieron el *lakh*²… Los primos de Babacar sacrificaron el cordero… Las mujeres empezaron a preparar el *thiebou yapp*³…

En torno a las tres de la tarde todos comieron. Los cánticos empezaron… Sonaron los timbales… Se bebieron el zumo de hibisco con hierbabuena y jengibre…

Y ya bien entrada la madrugada, cuando se había acabado el café Touba y el *mbakhal*⁴, se echaron a dormir en el suelo y volvió a hacerse el silencio.

★ ★ ★

Aminata se despierta al amanecer, como lleva haciendo desde que cumplió los doce años. Duerme con su marido Moussa, el cual, apenas entran los primeros rayos de sol, empieza a besarla y a pellizcarla para que se levante. Aminata vive

---

². Papilla a base de harina de mijo, leche o mantequilla y pulpa de tamarindo. Se puede endulzar con miel. En ocasiones se le pueden añadir también pasas, aroma de vainilla y plátano. Es el desayuno que se comparte en la ceremonia de bautismo, inmediatamente después de que el bebé reciba el nombre. Mientras las mujeres reparten el *lakh*, los primos del padre solicitan dinero entre los presentes para ir a matar el cordero, que para celebrar el nacimiento debe ser macho. Por supuesto, siempre hay alguien que da dinero.

³. Plato típico de la cocina senegalesa a base de arroz, carne de cordero y verduras. La carne, en el caso de una celebración, es del mismo animal que se acaba de sacrificar.

⁴. Arroz caldoso con carne y verduras un poco más ligero que se sirve por la noche el mismo día del bautismo.

de la pesca y la recogida de marisco. Recoge erizos de mar, mejillones y almejas. Según el tiempo y la época del año, consigue más o menos cantidad. A veces, si hay abundante pescado y si consigue venderlo todo en el mercado, vuelve a casa cantando con los billetes bien enrollados metidos en el sujetador.

A Aminata le encanta pararse en casa de la tía Maimouna antes de entrar en la suya. Su tía es costurera y fabrica ropa tradicional africana, que después exporta a Europa. Telas de seda y algodón de distintos tamaños y formas, trozos grandes rectangulares, pequeños retales marrones y dorados, puntillas metalizadas, faldas naranjas con soles, corpiños verdes con girasoles amarillos, pañuelos coloridos como un campo de flores, y cinturones de cuero negro con hebillas de plata se amontonan por encima de las sillas y de las máquinas de coser. De las paredes de ladrillo del almacén, que la tía Maimouna utiliza como taller, cuelgan hilos y flecos. Y un retrato en blanco y negro del abuelo Moustapha. Los días en los que obtiene una buena venta, le da tres o cuatro billetes a la tía Maimouna para que ella le haga un vestido nuevo.

Su tía conoce bien sus medidas, la ha visto nacer y la ha visto crecer hasta convertirse en la mujer que ahora es. Fue ella quien le cortó y le cosió las telas para su vestido de novia. Conoce su fina cintura, sus pechos pequeños y separados como dos mangos verdes, su culo redondito y prominente. Aunque está casi ciega, no necesita la vista para hacerle un traje nuevo a su sobrina.

Cuando por fin la deja marcharse, ella camina hasta la casa que comparte con su esposo y prepara yuca con arroz, hierve agua para el té y enciende el incienso. El mismo perfume a acacia y a violeta, a mimosa y a tierra que se olía en la casa de su abuela, y en la de su madre, impregna ahora el aire de su hogar, el que comparte con su amado esposo.

Cuando Aminata se desnuda para lavarse, ve las bragas manchadas de sangre; allí estaba otra vez, el monstruo rojo que le pinchaba por dentro; el líquido que le recuerda puntualmente, un mes más, que su vientre está vacío; la mancha no está solamente en sus bragas, sino también en su corazón, un corazón que alberga desde hace cinco años el deseo de ser madre. En cuclillas sobre el retrete, se echa agua y estira la cuerda de la cisterna... y se va la sangre, y con ella se van también sus ilusiones.

Desde que se casaron no consigue quedarse embarazada. Su marido se despierta cada día a las tres de la mañana para orar, se lava, prepara su alfombrilla y glorifica al más grande. Siempre pide lo mismo. Pide que lo bendiga con un hijo. Es lo único que desea.

Ella fue también a la Medina, a la casa de la bruja Mame Diarra, para que esta le preparase algunas pócimas y ungüentos..., pero de eso ya hace dos años y Aminata sigue sin quedarse encinta.


Al cumplir los seis años de casados, Moussa decide coger una segunda esposa. Aminata no se sorprende. Y Aminata acepta a la esposa de su marido.

Ella sabe que no vale nada, que no puede darle hijos, que no puede cumplir con su cometido, su obligación, lo único para lo que fue creada. Podría no aceptar a la nueva esposa.

Podría pedirle el divorcio y volver a la casa de sus padres, pero Aminata sabe que ellos no la apoyarán ni entenderán su decisión. De ninguna manera aceptarán su separación, ¿qué otro hombre iba a querer tomarla por esposa?, ¿quién iba a querer a una mujer divorciada y estéril? Tiene la certeza absoluta de que la culpa de que Moussa haya decidido tomar una segunda esposa es, sin duda, de ella[5].

---

5.En el primer capítulo se nos da a conocer el ritual propio del bautismo, el cual he intentado reproducir de la forma más fidedigna posible basándome en mi experiencia personal y en los testimonios de mi familia y amigos. Si bien varía entre unas zonas y otras de África, el ritual es tal cual os lo he contado, Sigue ocurriendo en la actualidad pues se conservan las tradiciones intactas.

Por otro lado, se nos presenta también el tema de la esterilidad. En todo momento, en África, se culpabiliza a la mujer en el caso de que un matrimonio no tenga hijos. Incluso a día de hoy, si una pareja no tiene descendencia, se da por hecho que la culpable es la mujer y se incitará al hombre a buscar otra esposa que pueda darle hijos.

En el caso de Aminata, es cierto que es ella la que es estéril, pero muchas veces se da la situación de que el hombre va cambiando de esposa porque no logra tener hijos y no consigue tener descendencia con ninguna. Lo que no se contempla en ningún caso es acudir al médico y realizarse pruebas para ver de quién es la culpa y cómo se puede solucionar. El hecho de acudir a un hospital se reserva para casos de verdadera urgencia; incluso si uno se encuentra en una situación de riesgo, en la cual corre peligro su vida, debe primero pagar la factura del hospital y comprar los medicamentos necesarios. Si no lo hace así, desgraciadamente, pueden dejarlo morir en la puerta. Por este motivo no se considera importante acudir al hospital en caso de esterilidad.

¿Cómo llegaste hasta aquí?

¿Una niña temblorosa tan mujer pero no lo suficiente?

¿Quién te dio este nombre nuevo?

¿Quién te obligó a olvidar?

Algo roto y abandonado

para morir.

Titilope Sonuga, *Unlearn*

# Capítulo 2.
## *Dakar, Senegal, 1984*

Mariem, de veinticinco años, se cepilla el pelo. El espejo sobre el aparador de su habitación de soltera le devuelve la imagen de una mujer triste. La tristeza, el fracaso y todos los errores cometidos a lo largo de su vida se amontonan en su cabeza y brotan en forma de llanto. Es la única mujer mayor de veinte años que queda soltera en la Medina.

Mariem vende artesanía en el mercado de Sandaga. Cada mañana coloca las figuritas de mujer talladas en madera sobre las mantas de franela que cubren la vieja mesa. Cuelga los lienzos y dobla los manteles junto a los paños de cocina y los servilleteros. Debajo apila las máscaras, a un lado las lámparas y los apliques, al otro los pequeños llaveros y las fundas de cojines. Delante las jirafas de ébano, de tamaño mediano.

El día en que Moussa se presentó en el mercado y le propuso matrimonio, ella no dudó ni un segundo en responder de forma afirmativa. Mariem no quería seguir cometiendo errores. Mariem miró a Moussa y vio que no estaba nada mal. Mariem dijo que sí y se convirtió en la segunda esposa. Siempre sería mejor ser la segunda esposa que quedarse soltera, o al menos eso le había repetido su madre durante los últimos diez años.

La segunda mujer de Moussa duerme tres días a la semana con él, los cuatro restantes continúa durmiendo con Aminata.

Desde que llegó Mariem a la casa nada volvió a ser igual. Su marido sigue pellizcando su espalda cada mañana para que se levante, pero a ella ya no le hace gracia. Cuando regresa de trabajar en la laguna, no se para en la casa de su tía, no ha vuelto a sentir la necesidad de comprarse vestidos nuevos. Tampoco ha vuelto a cocinar para Moussa, e incluso nota un ligero alivio los días en los que a él le toca dormir con Mariem, su segunda mujer.

Tan solo diez meses después de su boda, esta dio a luz a un niño. A los siete días de su nacimiento, el imán llegó a la casa. Moussa mató dos corderos para festejar el nacimiento del hijo varón, al que puso de nombre Ibrahim.

La madre y las tías del bebé aliñaron la carne y después la cocinaron, todos comieron. Todos excepto una. Su primera mujer, Aminata, quien ese día andaba con el estómago revuelto.

Durante los seis años que duró su matrimonio —ella solo contaba los primeros—, cuando su marido la acariciaba y le hablaba dulcemente al oído, a ella se le erizaba la piel; entonces hacían el amor y disfrutaban juntos de esos momentos de intimidad. Desde que llegó la segunda mujer, Aminata solo tiene ganas de descansar. Nunca lo busca para meterlo en su cama; ya no le cose vestidos la tía

Maimouna; ha retirado el *binbin*[6] de su abdomen y la ropa interior favorita de su marido la ha guardado en un cajón.

Arrastra los pies desde su cama hasta el aseo. En el retrato de la entrada, el que se tomó el día de su boda, aparece la cara de una mujer muy hermosa. El rostro de una mujer joven y sonriente. La mujer lleva el pelo trenzado, con hilos de colores, y sonríe. Es Aminata. Ella se pregunta dónde está ahora aquella muchacha que sonreía.

Aquella joven sonriente se ha convertido en una sombra, una sombra con los ojos hundidos bajo dos círculos oscuros. Aquella muchacha cuyos ojos brillaban de amor y de ilusión tiene ahora una mirada vidriosa, una mirada a la que de vez en cuando se le escapa alguna lágrima. Su pelo es ahora una maraña encubierta bajo un pañuelo grisáceo.

Se ha vuelto invisible. Se ha perdido a sí misma.

Vacío es lo único que siente. Vacío, como su vientre, vacío.

Su mirada vacía. Su alma vacía.

Busca a la mujer que un día fue, pero esa mujer no está, ha desaparecido. En su lugar hay una anciana con los tobillos hinchados.

Aminata quisiera desaparecer. Se duerme recitando frases del Corán y le pide a Alá que la llame a su encuentro porque no soporta tener que vivir ni un solo día más con el profundo dolor que la está consumiendo.

---

[6.]Collar de cuentas y cauris engarzado con un cordón elástico. En wolof *binbin* quiere decir «despacito, suavemente». Lo utilizan las mujeres senegalesas para adornar su cintura y caderas; y forma parte de su ritual de seducción. También lo utilizan en los bailes porque al mover y contonear sus cuerpos, los *bin-bines* chocan y se golpean entre sí sonando al ritmo de la música.

Moussa espera recibir de Mariem el cariño que Aminata le niega. Los días que va a dormir con su segunda esposa la encuentra dando de mamar al recién nacido, Ibrahim, o lavándolo porque acaba de vomitar, o arrullándolo para que se duerma y así deje de llorar.

Mariem aceptó casarse con Moussa sabiendo que no era a ella a quien quería. Lo único que Moussa quería de ella era un hijo. A Mariem le hubiera gustado casarse con un hombre que no tuviera otra esposa, que la amara solo a ella, realmente a ella. Le hubiera gustado ser la primera y la única. No quería compartir marido con otra mujer, y mucho menos ocupar el segundo lugar; pero había cumplido los veinticinco y sabía que las posibilidades de que eso ocurriera eran nulas.

Por lo tanto, ser la segunda esposa era preferible a quedarse soltera. ¿Dónde hubiera podido ir sino con su edad? En Dakar todos sabían del muchacho que la había pretendido, y al que le había entregado su virginidad. Él le había prometido casarse. El chico, al que tanto amaba, aquel por el que sentía un amor loco y ciego, se había marchado a España con una banda de música. El mismo que le dijo que volvería a buscarla, y años más tarde tomó por esposa a otra. *Kharam, kharam*[7]..., había cometido un pecado y ese era el precio que debía pagar.

---

[7] En el Islam, el término *kharam* se refiere a todo acto prohibido por motivos religiosos. Se considera ilícito por su impureza el consumo de alcohol, la carne de cerdo y las relaciones sexuales sin estar casados, entre otros.

A pesar de estar casado con dos mujeres, Moussa se sentía solo. En casa de su primera mujer solo había reproches, gritos y tristeza. Con su segunda esposa no había ni eso. Sencillamente no había nada. Para ella solo existía el pequeño Ibrahim. Cuando no era el pecho, era que tenía que dormir o que tenía que eructar, o que le dolía la panza o que tenía pesadillas. ¿Cómo podía un hombre con dos mujeres sentirse tan solo y tan abandonado? ¡Todo el día trabajando en el taller mecánico para que a sus esposas no les faltara nada! ¡Lleno de grasa, sucio y extenuado para no ser merecedor ni siquiera de un poco de cariño!

Y entonces el hombre decidió que tomar una tercera esposa era la solución para su soledad[8].

---

8. En este capítulo se nos presenta un tema que crea mucha controversia en nuestra sociedad, como es el de la poligamia. En el caso de Moussa, no es el amor por Mariem lo que le lleva a pedirle matrimonio, sino su necesidad de tener un hijo. A ella le mueve también el interés y no el amor al aceptar el matrimonio con Moussa. Es el hecho de ser una mujer señalada por todos, como «aquella que le entregó su virginidad a un hombre con el que no estaba casada», el que la impulsa a aceptar.

La virginidad es considerada un precioso regalo que la mujer le hace a su marido en la noche de bodas. Una mujer que mantiene relaciones con un hombre sin estar casada no volverá a tener nunca el respeto de nadie. A pesar de que las costumbres y la sociedad están cambiando, todavía sigue muy presente este hecho. Incluso si una mujer se queda embarazada sin estar casada, el hombre la tomará como esposa porque de otro modo esta mujer no volverá a ser respetada por nadie.

No tengo hogar, no tengo dinero.
No tengo padre, no tengo hijos.
No tengo dios, no tengo nada.
No tengo comida, no tengo casa.
No tengo trabajo, no tengo nada.
Pero, ¿qué tengo?
Dejadme contaros lo que sí tengo.
Algo que nadie puede arrebatarme.
Tengo mi corazón, tengo mi alma.
Tengo la vida, tengo mi vida.

Nina Simone, *Ain't got no/I got life*

# CAPÍTULO 3.
## DAKAR, SENEGAL, 1986

Las mujeres de la capital eran demasiado exigentes. A él le parecía que cada vez querían tener más derechos. En cambio, en los pueblos las muchachas aceptaban las costumbres, entendían que todo debía seguir siendo como había sido siempre... Moussa condujo más de cuatro horas junto a su hermano menor, Malick, hasta llegar a Saint-Louis, y después otros veinte kilómetros más hasta el paso fronterizo con Mauritania.

En aquella aldea al norte del país, entre montañas de arena, sentada sobre una tabla polvorienta, Moussa encontró a Khadiya, de dieciséis años, era hermosa, virgen y pobre como una rata. Moussa habló con el padre de la muchacha y a este le pareció que su hija podría tener una mejor vida si se marchaba a la capital, por lo que aceptó el matrimonio.

Dos días después, los primos de Moussa volvieron para recogerla. Ella subió al coche con su tía y dos de sus hermanos. Durante el trayecto cantaron:

*bouko door té bouko sagua.*

*wayy ta déko mougnalé.*

*séto sét* —gritó el hermano mayor de Khadiya.

*mbara wath* —contestaron los demás.

*sét bou dieum Dakar* —volvió a gritar.

*mbara wath* —volvieron a repetir[9].

Eran las diez de la noche cuando entraron en la Medina. Allí, los ya esposos compartieron un cuenco de calabaza que estaba lleno *lakh*. Primero Moussa tomó el *lakh* con su mano y se lo puso en su boca, de su boca volvió a ponerlo en su mano y se lo dio a Khadiya. Esta se lo comió e hizo lo mismo con su esposo. A continuación, los recién casados se esparcieron la comida por la cara. La tía de Khadiya sacó entonces una sábana blanca de su bolso y la colocó sobre la cama. Mirando a los presentes dijo:

—Hago entrega de mi querida sobrina, lo más preciado que tengo. Ella es pura e inocente y confío en que en esta familia encontrará el amor y la protección que ella merece.

Moussa, que no llevaba ropa interior, notó su pene aumentando de tamaño bajo la chilaba. Entró en la habitación y sin más se lo introdujo a la recién desposada, quien empezó a gritar cuando notó aquello tan grande intentando meterse en su vagina.

---

[9.] Canción tradicional senegalesa que le se canta a la novia de camino al encuentro con su futuro esposo, significa algo así como: «No la abofetees, no la insultes, debes cuidarla, ella no es perfecta, aunque no sea perfecta, pero si confía en ti, debes ser tú el hombre que la cuide».

En torno a las seis de la mañana Moussa entregó la sábana manchada de sangre a la tía de la muchacha, que esperaba ansiosa detrás de la puerta. A continuación, colocó varios billetes bajo la almohada, que Khadiya le entregó rápidamente a su tía, su *badijiane*[10].

El matrimonio era válido. El reguero rojo y el dolor de la muchacha dejaban testimonio de ello. En la Medina no había tiempo que perder, era el momento de empezar a preparar por todo lo alto la tercera boda de su vecino Moussa.

A Khadiya la recibieron con flores, vestidos y chocolate. La comida estaba prevista para las cuatro de la tarde. Los hombres tomaron té a la sombra del mango para sobrellevar mejor la espera. Las mujeres más jóvenes empezaron a cortar tomates, pepinos y pimientos verdes. Cocieron diez docenas de huevos, prepararon salsa de cebolla, abrieron ocho botes de aceitunas y sazonaron la carne con guindillas y granos de pimienta. Luego repartieron en bandejas la comida a partes iguales para que todos comieran la misma cantidad. Las mujeres más viejas prepararon batidos de leche con vainilla y pan de mono[11].

---

[10.] Es una hermana del padre de la novia. Ella es la encargada de protegerla. Por decirlo de alguna manera, sería un concepto parecido a nuestra madrina de boda.

[11.] Se conoce como pan de mono el fruto del baobab, es denominado *bouy* en wolof. Este fruto de gran tamaño oscila entre los diez y los cuarenta y cinco centímetros, tiene forma de pera o melón. De su interior se extrae la pulpa deshidratada, que se divide en pequeñas aglomeraciones harinosas, de las que surgen las semillas. Con este fruto de sabor agridulce se elabora una bebida energética y refrescante con un alto contenido en fibra, vitaminas, minerales y aminoácidos. La población rural africana utiliza todas las partes de este árbol sagrado, desde la corteza del tronco, con la cual se elaboran utensilios, las hojas molidas en forma de infusión y las semillas tostadas reemplazan al café. Es interminable el uso y consumo de este gran árbol.

Los timbales empezaron a sonar y los hombres y mujeres de la Medina bailaron alzando sus brazos en señal de bienvenida a la nueva esposa. Khadiya bajó los cuatro escalones que separaban la casa de Fatou Kine, la madre de su esposo, hasta la calle. Desfiló orgullosa con su vestido blanco de tafetán. Una fina chaqueta de seda y organza bordada con pedrería cubría sus hombros.

Lucía majestuosa con su abundante melena recién planchada. Una diadema con dos hileras de flores de gasa adornaba su joven rostro. Estaba hermosa. Sus largas pestañas se abrían y se cerraban por la emoción. Tras sus gruesos labios se adivinaba una sonrisa.

Aunque no fue su sonrisa lo que atrajo las miradas de los vecinos, tampoco su vestido, ni su tocado; fueron los tres pendientes de oro y esmeralda que perforaban el lóbulo de su oreja derecha los que atrajeron la atención de todos. Moussa había vendido cuatro coches para poder comprarlos.

Los invitados empezaron a entregarle los regalos. La señora Diabaté le trajo dos vajillas, tal y como había hecho la madre de Moussa cuando se casó su hijo.

Luego, los invitados comieron y los no invitados también... Los invitados bebieron, los que no estaban invitados también... Algunos bailaron... Otros cantaron... Todos rezaron.

Y cerca de las tres de la madrugada, los ya esposos se dirigieron a su lecho matrimonial. Se callaron los timbales. Pararon los cánticos. En la Medina de Dakar reinaba el silencio..., hasta que empezaron a escucharse los gritos de dolor de Khadiya, que notaba por segunda vez una cosa dura intentando entrar en su diminuta vagina.

Y mientras Khadiya era penetrada por Moussa... Mariem le daba el pecho a Ibrahim. Y Aminata veía el quinto episodio de su serie preferida de teatro televisado. Y Fatou Kine, la madre de Moussa, hacía recuento de los regalos de su hijo.

Ni Aminata ni Mariem se quejaron de que su marido pasara un mes completo con su nueva esposa. Les parecía que era lo más lógico, ya que la muchacha acababa de llegar. A Mariem le venía muy bien un mes de descanso, ya que debía cuidar del pequeño Ibrahim, y a Aminata también, ya que su serie favorita estaba en el momento más tenso y así podría verla sin preocuparse de su marido. Después del primer mes, Moussa estaría dos días con cada una de sus esposas.

Khadiya no había cumplido los dieciocho y ya había parido dos veces. La primera vez dio a luz a una niña. Moussa la llamó Awa y sacrificó tres corderos. El segundo parto fue de un varón. Moussa lo llamó Amadou Bamba y sacrificó cuatro[12].

★ ★ ★

En el patio de la casa los hermanos juegan y se persiguen, Ibrahim, el mayor, ejerce de protector de los dos pequeños. Su abuela, Fatou Kine, la madre de Moussa, les prepara cereales con yogur, zumo de papaya y carne de cordero con arroz.

---

[12.] Se nos dice en el relato que es Moussa quien elige el nombre de todos sus hijos, y así sucede en la realidad también. Es el hombre quien decide, y solo si este quiere les llamará como algún miembro de la familia de la madre.

Al anochecer, Moussa vuelve cansado y lleno de aceite del taller mecánico.

Los días que está con Aminata, esta siempre le lava las manos a su esposo con jabón y se las masajea con manteca de karité. Después se tumban en el sofá y ven series cómicas. Antes de dormirse le repite siempre las mismas palabras:

—Eres mi esposa más querida. Nadie puede ocupar en mi corazón el lugar que tú tienes. Tú fuiste la primera, la que más tiempo ha compartido conmigo. Quiero morir a tu lado, Aminata. De verdad te digo que te amo.

Después se duerme junto a ella escuchando su risa.

Los otros dos días recoge a su hijo Ibrahim de la escuela y vuelven juntos a casa. Tienen su ritual particular y único: ambos se duchan, se visten con su chilaba y rezan juntos la última oración del día. Mariem, Moussa e Ibrahim se acuestan en la misma cama y, cuando el niño se duerme, Moussa abraza a su segunda esposa y le dice:

—Tú sabes, mi vida, que eres mi esposa favorita. El lugar que tú ocupas en mi corazón es solo tuyo. Nuestro hijo es el mayor regalo que pudiste hacerme. De verdad te digo que te amo.

Y Mariem duerme junto a su esposo, no sin antes agradecerle al Todopoderoso la felicidad que le ha sido concedida.

Moussa duerme otros dos días en la habitación de su tercera mujer, Khadiya, que suele llevar bragas de algodón, pero se pone la mejor lencería de encaje cuando llega Moussa. La tercera esposa saca de sus cajones sus vestidos más sensuales para recibirle; también se trenza el pelo y lo adorna con anillas de colores.

Para Khadiya, vivir en la capital es un privilegio que nunca hubiera podido ni siquiera soñar si no hubiera sido porque aquel día apareció su esposo. Prefiere ser la tercera esposa de Moussa antes que continuar viviendo en aquella aldea. Ella coloca a los niños en un pequeño colchón en el suelo y duerme abrazada a su marido en la cama de madera de su alcoba. Él disfruta acariciando su piel y besando sus pechos. Antes de cerrar los ojos le dice:

—Khadiya, nadie puede tener un lugar tan especial en mi corazón. Eres mi esposa favorita. La más joven, la más guapa. La mayor bendición que Alá pudo darme. Realmente no sé qué haría sin tu amor. ¡Oh, cariño, eres tan dulce! De verdad te digo que te amo.

Y Khadiya, con dieciocho años recién cumplidos, da las gracias a Dios por haberle dado un marido tan tierno y cariñoso.

Sí, siguen hablando de profetas y pérdidas.

Yo quiero vivir sin miedo.

Pero nunca hablan del amor.

Yo quiero vivir sin miedo.

Dicen que el paraíso es una tierra lejana.

Voy a vivir sin miedo.

Estaba en tierra santa cuando me tomaste en tus brazos.

Quiero vivir sin miedo.

Y no quiero esperar, no quiero esperar.

Sabes que lo sé, sabes que lo sé.

El paraíso nos espera a los dos.

María Concepción Balboa, Buika, *Vivir sin miedo.*

# CAPÍTULO 4.
## *DAKAR, SENEGAL, 1989*

El equilibrio y la estabilidad habían llegado por fin a la vida de Moussa Ndiaye y a la de sus tres esposas…, hasta que murió su hermano pequeño, Malick Ndiaye, que dejaba una esposa embarazada solo un año después de haberse casado. Entonces Moussa, que era un hombre de fe y muy creyente, cumplió con la ley coránica y tomó a Fátima como cuarta esposa[13].

Malick Ndiaye se desplomó repentinamente contra el camino de tierra que llevaba hasta el bungaló que compartía con su esposa en la Somone. Se cayó al suelo de forma fulminante una mañana de junio. Murió exactamente de la misma manera en la que había muerto su padre, Abdulah, y su abuelo Suleyman. Era una maldición que había perseguido a los hombres de su familia desde que se tenía recuerdo.

Los cocos que Fátima llevaba en la cesta lila de juncos sobre su cabeza rodaron por el suelo cuando ella se agachó para socorrerlo. Viendo que su marido no respondía, empezó a

---

[13.] El sagrado Corán dice que: también en el Deuteronomio aparecía esta ley, en el caso de que una mujer se quede viuda, si esta no tiene descendencia, es el hermano del marido el que debe hacerse cargo de la viuda. En la actualidad, no se lleva ya a la práctica salvo en algunas zonas rurales.

gritar pidiendo ayuda. Entre los cantos de las garzas y los flamencos la señora Sidibé distinguió la llamada de socorro de su vecina y acudió en su ayuda.

Fátima estuvo encerrada en la casa que había compartido con su esposo cuatro meses y diez días, pues así había dicho el profeta Mahoma —la paz y la bendición sean con él— que debía hacerse, durante los cuales solo recibió visitas de las mujeres de su familia, quienes con la excusa de que venían a traer sopa, yogur o ropa limpia se quedaban el día entero con ella. Cuando caía la noche Fátima empezaba con la llantera y, entonces, las que no tenían marido sacaban las esterillas y se echaban a dormir con ella para ayudarla a combatir la pena y la soledad.

Su barriga fue aumentando de tamaño y cuando Malick llevaba seis meses ya en el Paraíso de Alá parió un niño.


Tenía el niño seis días de vida cuando Fátima dejó el bungaló de la Somone y se trasladó a la Medina, donde las tres esposas de Moussa tenían ya preparado el dormitorio que estaba destinado a los recién casados.

Aminata nunca tuvo hijos. Mariem nunca volvió a quedarse embarazada y fue Ibrahim su único hijo. Khadiya tuvo tres hijas más: Sophie, Fatou Kine y Bintou.

Fátima crio con alegría al hijo de Malick, al cual llamaron Moussa. Después tuvo mellizos y casi murió en el parto.

Y Moussa… Moussa iba al taller, rezaba en la mezquita y cada día daba gracias a Dios, el Gran Misericordioso.

Tienes que entender que nadie sube a sus hijos a un
bote,
a menos que el agua sea más segura que la tierra.
Nadie deja su hogar hasta que su hogar se convierta
en una voz sudorosa en tu oído diciendo:
«Vete, corre lejos de mí ahora.
No sé en qué me he convertido, pero sé
que cualquier lugar es más seguro que este».


Warsan Shire, *Home.*

# Capítulo 5.
## *Tenerife, España, 2005*

Amadou Bamba sostiene el cuerpo sin vida de su hermano Ibrahim en el puerto de Los Cristianos. Hacía veintiséis días que los dos habían salido del puerto de Mbour. Su hermano había empezado a tener fiebre tan solo cuatro días antes de llegar. Faltaban horas para tocar suelo español, cuando Ibrahim dejó de respirar. En la patera se había acabado el agua hacía dos días y el sol no había dejado de calentar con fuerza desde que habían salido. Durante la travesía no había habido un momento de tregua. Ni una sola nube. El calor, junto a la falta de agua, había acabado con la vida de su hermano mayor.

Detrás del coche fúnebre, que lleva tres cadáveres más, va la furgoneta de la Cruz Roja con los supervivientes que han solicitado asistir al entierro. Amadou Bamba tiene una herida en su joven corazón, la herida de la culpabilidad. Él cree que debería haber detenido a su hermano. Él cree que debería habérselo prohibido. Lamenta no haberle contado a su padre, Moussa, la idea persistente de salir de Senegal que tenía Ibrahim. Debería haber hecho tantas cosas que no hizo…, y ahora no se lo puede perdonar.

Los dos se habían criado en la misma casa, les habían circuncidado el mismo día, habían caminado durante años con su mochila hasta la escuela de Dakar. Amadou Bamba recuerda cuando tenían siete y ocho años y decidieron no entrar más a clase; preferían irse a recoger mangos para después comérselos a la sombra y bañarse en los manglares. Ibrahim siempre había sido su referente en la vida, su ejemplo a seguir. ¡Su hermano era tan terco!

No había nada que quisiera y no pudiera conseguir. Ibrahim quiso escapar de la miseria y arrastró con él a su hermano pequeño. Llevaba un año entero repitiéndole a Bamba las mismas palabras:

—Hermano, de esta semana no pasa. Aquí no hay nada. Aquí no queda nadie. Tengo el dinero y el valor necesarios para dejar esta vida atrás.

Sin embargo, Bamba nunca había visto claro lo de huir en patera. Le parecía de cobardes.

—Si quieres que las cosas cambien hay que cambiarlas desde aquí —le replicaba siempre.

—Déjate de tonterías, hay que salir cuanto antes, un futuro nos espera, podremos jugar al fútbol en algún equipo o montar un negocio. Tener un trabajo digno, Bamba. Una vida digna. La vida nos está esperando. Una vida maravillosa nos espera.

—Ibrahim, yo no voy —le había dicho tantas veces—. Mi madre…, piensa en tu madre. El daño que le vas a causar, la desesperación. Yo no puedo hacer eso. Padre no nos lo perdonará.

Sin embargo dos días más tarde, de madrugada, los dos hermanos le pagaron varios miles de cefas al propietario de la patera y salieron del puerto de Mbour sin decir ni siquiera adiós.

Ibrahim soñaba con una vida mejor. Bamba adoraba a su hermano mayor y no pudo soportar la idea de dejarle ir solo. Amadou Bamba siempre había hecho lo que le decía su hermano mayor, y esta vez no iba a ser diferente. Y se subió al cayuco con él.

Ibrahim murió deshidratado un día antes de tocar tierra española. Cuando les recogió la Guardia Civil, su cuerpo estaba duro y sus ojos abiertos, aunque sin ver. Ibrahim nunca pudo ver la hermosa tierra que les acogió. El sueño se cumplió, llegó a la tierra prometida, aunque lo hizo muerto. La tierra que tanto había anhelado le sirvió únicamente como tumba.

Ibrahim fue afeitado. El cabello rizado de su cabeza, el vello de sus brazos y de sus piernas fueron también retirados. Le cerraron los ojos. Lo envolvieron en una tela blanca y su cuerpo descansó apoyado sobre el costado derecho en la tierra con la que tanto había soñado mirando hacia la Meca. El imán pronunció unas palabras:

—A Alá pertenecemos, de Alá somos y a Él hemos de retornar. ¡Oh, Alá, perdónale si ha pecado! ¡Oh, Alá, acógelo en el Paraíso!

Tres puñados de tierra y una pequeña lápida con una inscripción, «Ibrahim Ndiaye», marcaron el final de la breve ceremonia; el cementerio musulmán de Santa Cruz de Tenerife se estaba quedando pequeño para tantos muertos.

Nadie pudo averiguar la identidad ni la edad de Bamba. Aunque tenía dieciocho años recién cumplidos, parecía menor de edad. El centro de menores se hizo cargo del niño sin identificar y a los pocos meses fue trasladado a la península. El tren que partió desde Madrid recorría muchos kilómetros mientras él miraba por la ventana los naranjos repletos de fruta. Bamba lloró durante todo el camino recordando a su hermano muerto, pensaba en cómo hubiera disfrutado él sentándose bajo los hermosos árboles frutales.

Cuando el tren llegó a la estación del Norte, él dejó de llorar y se juró a sí mismo que viviría la vida que su hermano ya no podría vivir. Él tendría la vida que Ibrahim había soñado.

Ibrahim viviría siempre en él. Ibrahim no hubiera soportado verle triste. Ibrahim vería desde el cielo la vida soñada porque su hermano pequeño, Amadou Bamba, la iba a vivir por él y para él. Esta era la deuda que tenía.

En el centro de menores de Valencia solo estuvo una semana. Al octavo día le ofrecieron un billete de barco y él no dudó en aceptarlo. No tuvo que pagar nada por él. Lo único que debía hacer era entregar un pequeño paquete a su llegada.

Solo dos lágrimas gruesas
en sus dos caras cansadas,
la madre Negra tiene voz de viento,
voz de silencio golpeando
en las hojas del cajueiro...
Tus niños crecieron
y olvidaron las historias
que solías contar...
Muchos partieron lejos.
¡Quién sabe si volverán!
Solo tú has estado esperando
las manos cruzadas en el regazo
bien quieta, bien callada.
Es la tuya la voz de este viento,
de esta nostalgia descendiendo.

Alda Lara, *Preludio*.

# Capítulo 6.
## *Mallorca, España, 2005*

Cuando Bamba llegó a la isla aquella mañana de agosto, supo que nunca dejaría aquella tierra. Le entregó el paquete al chico que lo estaba esperando en el puerto y deambuló por el paseo marítimo sin un destino fijo. El hecho de no tener un rumbo fijo no era nada nuevo para él, pues desde que se subió a aquella patera, no había vuelto a tener un rumbo en su vida. Al llegar a la plaza de España, cogió el bus número quince y una hora después se bajó en la última parada: «S'Arenal».

Bamba trabaja la tierra desde que llegó. Recoge patatas y todo lo que esta le ofrece según la época del año. El joven vive en un piso compartido junto a otros inmigrantes subsaharianos. Lleva dos años en territorio español y, aunque solo tiene veinte años, siente su espalda dolorida y las rodillas le molestan de vez en cuando. Sobre todo al amanecer, pero una vez que se pone en marcha el dolor remite, la nostalgia de la vida que dejó en África también. Bamba —como todos le conocen en el barrio— gana en torno a unos veinte euros diarios. Al mes le supone un sueldo tres veces mayor que el que tenía en Senegal, cuando reparaba coches en el taller de su padre, Moussa.

Cuando llevaba dos años y un mes hubo un proceso de regularización. Ahora no solo tenía un techo donde dormir y un buen trabajo. Ahora además tenía también un nombre: «Amadou Bamba Ndiaye, nacido el dieciocho de julio de 1987 en Dakar, Senegal».

Y como Amadou Bamba echa de menos a su familia, se compra un billete de avión Palma-Madrid-Dakar y viaja a su país.

La madre de Bamba, Khadiya, estaba en el patio fregando los platos de la cena cuando vio entrar a su hijo.

—*¡As Salamou Haléykoum! ¡Mba diam guéen am!* —dijo Bamba.

Su madre sacó las manos llenas de jabón de la cubeta y lo abrazó llorando.

—*¡Wa Haléykoum Salam! ¡Diam rék al Hamndoulilah!* ¡Contigo sea también la paz, hijo mío!

Después de dos años sin saber de él, ella lo daba ya por muerto.

Aquella noche se armó un enorme revuelo en la Medina. Los vecinos, que estaban siempre deseando que ocurriera algo extraordinario para salir de su aburrimiento, se dejaron caer por la casa preguntando por su viaje, por su vida, por el resto de chicos que se habían marchado en el cayuco con él y, como era de esperar, también por su hermano Ibrahim.

Él prefirió decir que perdió el contacto y que nunca volvió a saber de ellos; aunque abrazó a la madre de Ibrahim y la llevó hacia la puerta tirando de ella suavemente. Cuando Mariem le preguntó por su hijo, él guardó silencio…

Pensó en contarle que su hijo se fue a otro país... Pensó en mentirle, en decirle algo que no le cause tanto dolor... Pero su hermano no era un cobarde... Su hermano mayor no era un mentiroso. Y él tampoco lo era. Entonces Bamba le dijo la verdad:

—*Tanta*[14], Mariem, no llores, él está con Alá. Alá es el más grande.

Mariem se cubrió la cara con el pañuelo azul que llevaba en la cabeza. Miró hacia el suelo. Vio los pies de Bamba, vio sus piernas largas y fuertes. ¡Cómo había crecido! ¡Qué guapo estaba! Podría ser su hijo el que estuviera ahora con ella, sin embargo, su único hijo estaba muerto.

Solo hay un Dios, que es Alá. Mahoma —la paz y la bendición sean con él— es su profeta. Y Mahoma —la paz y la bendición sean con él— dice que debemos aceptar la voluntad del más Grande y no cuestionar sus designios. Al fin y al cabo, de Alá somos y a Él hemos de volver. Ibrahim estará viendo por fin el rostro de Alá.

Mariem se quedó abrazando a Bamba mientras los hombres preparaban té y liaban cigarrillos de tabaco para después fumárselos. Todos menos uno, Moussa Ndiaye, el padre de Bamba, quien nunca volvió a dirigirle la palabra a su hijo.

Bamba había aterrizado en la casa de sus padres con tres maletas llenas de regalos: veinte cajas de bombones de chocolate, treinta y cinco botes de gel de baño, ropa de verano de niño para sus hermanos más pequeños, ochenta bolsas de

---

[14.] Se utiliza en Senegal no solo para las hermanas del padre o de la madre, sino también para las otras esposas del padre. En la actualidad sigue siendo una práctica habitual la poligamia, aunque cada vez menos, en los países islámicos.

golosinas, diez pares de zapatillas deportivas de marca de la talla cuarenta y dos y cinco relojes. Le había encargado a su madre, Khadiya, la ardua tarea de preparar los paquetes para repartirlos entre la familia. Su madre, que sabía lo importante que era que todos los paquetes llevaran lo mismo, se puso a prepararlos meticulosamente, todos exactamente iguales, pues poner una pastilla de jabón de más o una chocolatina de menos podría ser causa de rivalidades y envidias.

La llegada del chico a la casa de Moussa fue el único tema de conversación en la Medina durante las dos semanas siguientes. Amadou Bamba era precisamente lo que necesitaban los vecinos para salir de su monotonía. Se convirtió en el protagonista absoluto y en el centro de atención de todos. Los comentarios siempre eran los mismos: «¿Has visto qué bien vestido va?», «¿Has visto qué guapo?», «¿Has visto qué bien huele?», «¡Y tiene documentación española!».

Antes de volver a Madrid, sus padres recibieron la visita de las diez familias más ricas de Dakar, quienes querían presentar a sus hijas como posibles esposas. Su padre, Moussa, no salió a recibir a ninguna. Su madre, Khadiya, les invitó a té con pastas y después dijo que ya lo pensaría.

Aminata se bañó con el gel que le acaba de regalar Bamba y después se comió las chocolatinas mientras veía el vigésimo sexto capítulo de su serie favorita. Mariem extendió su alfombrilla de oración en el suelo y comenzó los tres días de luto; Fátima, que se acordó de Malick, la acompañó en sus rezos. La abuela, Fatou Kine, quien casi no veía, pero sí escuchaba, empezó a preguntar por qué había tanta gente en la casa mientras señalaba el reloj.

A los treinta días el chico volvió a España soltero y sin compromiso.

Solo hace una semana que Bamba volvió de Senegal y ya no soporta el frío invierno. Bamba dejó en Dakar todo lo que tenía. También sus pantalones vaqueros favoritos y sus camisas. Bamba solo se trajo de África el recuerdo y el regocijo de haber visto a su madre y a sus hermanos. El abrazo de los suyos y sobre todo haber podido consolar a su *tanta* Mariem, la segunda esposa de su padre, y madre de su hermano Ibrahim, es lo único que le queda. Ella sabía de sobra cuánto quería a Ibrahim. Ella sabía de sobra cómo era su hijo. Ella sabía de sobra que si algo se le metía en la cabeza nada ni nadie podía hacerle cambiar de idea. Mariem le había dado mil besos y antes de volver le había dicho:

—Bamba, *sama dome*[15], perdónate. Tú no tienes la culpa. Lo único que quiero es verte feliz. No hay nada que perdonar, pero si quieres escucharlo te lo diré, yo te perdono también, aunque sé que no fue idea tuya. Tu padre te perdonará algún día, eso ni lo dudes. Ahora tienes que perdonarte tú a ti mismo.

Bamba va contando los días y las cosechas que le quedan por recoger hasta que llegue otra vez noviembre. Mientras tanto, guardará hasta el último céntimo y malvivirá; hará todo lo que sea necesario para que cuando vuelva el próximo

---

[15.]Podría traducirse como «mi pequeño», «mi niño», y se utiliza no solo para los propios hijos, sino también para los hijos de las otras esposas del marido, a los cuales se les debe tratar exactamente igual que a los propios, o incluso mejor. De no hacerse así, esto podría crear un conflicto y mal ambiente en la convivencia.

año todos piensen que él es un hombre de éxito. Pasará el invierno, llegará la primavera y el calor insoportable del verano; y cuando llegue de nuevo el otoño comprará otro billete.

Un billete de avión y tres maletas. Tres maletas llenas de regalos. El avión volverá a alzar el vuelo y Bamba se olvidará de su miserable vida mientras nota su corazón latir más rápido ante el inminente encuentro con los suyos.

Ella llora que no quiere
y no parece que vaya a terminar,
pero ella tiene que permanecer serena.
Ella necesita tener la cabeza más clara
esperando que el día termine.


Sitawa Walufa, *A little more*.

# Capítulo 7.
## *Koulikoro, Mali, 2002*

La niña huérfana, cansada y sin esperanza camina tras la primera oración del día hacia los campos de cultivo, donde se agrupa con otras mujeres y empieza a recoger anacardos. Cuando acaba con la recogida, empieza a colocar los frutos en cajas para después separar las partes. La tarea de elaboración de mermeladas y envasado de los productos queda reservada a las mujeres más mayores.

Una vez preparada la mercancía, será transportada hasta la capital y de allí a Senegal, desde donde partirá hacia algún destino de Europa. La niña lleva meses fantaseando con la idea de abandonar el pueblo. La niña hace meses que rumia cómo va a hacerlo; y cuando termina su jornada la niña decide que ese va a ser el día. No va a volver a su casa. Recoge un poquito de agua en una bolsita de plástico transparente y le hace un nudo. En los bolsillos de sus pantalones un puñado de los frutos que ha recogido a lo largo del día. Al anochecer, cuando el camión pasa a recoger la fruta, la niña se esconde entre dos contenedores. Se acurruca en una caja de cartón y espera en silencio a que arranque. Cuando oye el motor rugir la niña sonríe. Es la primera vez en catorce años que siente esperanza.

Al rato, el motor se para y la puerta se abre, no ve nada, pero escucha un ruido ensordecedor que nunca había oído antes. Pitidos de coches y mucha gente hablando en voz alta. Por las conversaciones que escucha, la niña se da cuenta de que está en Bamako y de que son las nueve de la noche. Mordisquea las nueces de cajú que lleva en el bolsillo; se acurruca y se duerme. Sea lo que sea lo que le espera, seguro que será mejor que recoger fruta en los campos del señor Doumbia durante el resto de su vida.

Veintiséis horas después, cuando se abre la puerta del camión, la niña sale corriendo hacia el puerto. Allí se coloca en la fila de las oficinas de una compañía naviera. Tiene cinco personas delante; mientras espera hace un agujerito en su bolsa de agua y bebe. Dos horas más tarde se embarca como parte de la tripulación en el buque de carga que realiza la ruta a Marsella.


La niña se aloja en un diminuto camarote junto a otra muchacha y las dos pasan el día entre los fogones de la enorme cocina, donde preparan dos comidas diarias para los treinta y cinco tripulantes del barco portacontenedores, la mayoría marineros y oficiales de la sala de máquinas…

En los tres primeros días a bordo, la niña ha aprendido a rebozar pollo, ha hervido varios kilos de arroz, ha aliñado verduras y ha horneado pan. La niña se duerme agotada cuando termina de fregar las ollas con el estropajo de metal, le duelen las muñecas, pero su corazón late más fuerte que nunca cuando piensa en la vida que le espera en Marsella.

La cuarta noche, mientras la niña se ducha en el baño compartido, nota una mano sobre su pelo; la mano grande de un hombre blanco estira de su pelo mojado y la arrastra hacia el final del pasillo. La niña quiere gritar, pero otra enorme mano blanca le tapa la boca. Indefensa, deja que el hombre le toque los pechos. La niña, que se siente frágil y asustada, deja que el hombre le introduzca su lengua en la boca. Ella decide cerrar los ojos y apretar los párpados muy fuerte mientras piensa en sus padres muertos.

El hombre le pasa sus manos ásperas por la nuca, le toca la cara, la mira con deseo. La niña, que no quiere abrir los ojos, se acuerda entonces de una canción que su madre solía cantarle cuando era más pequeña y se sentaban bajo el baobab...

*Makun makun bebe o makun.*
*Makun makun bebe o makun sa.*
*Mun de kera bebe la makun.*
*Fosi ma ke bebe la makun sa.*

La niña canta flojito, canta para sí misma...

No llores, no llores, niñita mía.

No llores, no llores, niñita mía, cálmate.

¿Qué le pasó a mi niñita? Ea, ea, cálmate.

Mi niñita no tiene nada, ea, ea, cálmate.

Y mientras ella canta, de la boca del hombre sale un pestilente olor a tabaco mezclado con ron... Y mientras ella canta, él le coloca el pene en la boca.

—Cállate, negra, y deja de cantar —le grita.

Entonces ella imagina cómo será Francia, imagina un cielo azul; visualiza el sol tan hermoso de su pueblo cuando se esconde al final del día. Y mientras ella imagina él la empuja, la agarra de la cabeza y vuelve a gritarle:

—Así no, negra.

Le mueve la cabeza hacia abajo y luego tira de ella hacia arriba.

—Si no sabes chuparla tendré que metértela.

La levanta. La gira contra la pared. Le golpea la cabeza.

Contempla su espalda. Toca cada una de sus vértebras.

Le toca las nalgas y la penetra. Una. Dos. Tres. Cuatro...

La niña llora en silencio. Llora de dolor. Llora de vergüenza.

Quiere que termine, pero él sigue empujando. Cinco. Seis. Siete.

Él sigue empujando y gime. Ocho, nueve, diez.

Y allí dentro de su vagina eyacula.

Cada noche, durante tres semanas, el hombre blanco de aliento pestilente entraba en el camarote de la niña. Cada noche la niña se callaba y después lloraba.

El día en el que el capitán informó de que el buque iba a desviarse de su ruta por la fiebre alta de uno de los marineros, ella supo que aquella sería la última vez que aquel hombre le pondría una mano encima. Cuando el barco atracó en el puerto, de camino a Marsella, la chica se bajó y empezó a caminar sin mirar atrás hasta salir a la avenida principal

No sabe dónde está. Tiene mucho frío. Es la primera vez que siente el aire tan gélido. No sabe a dónde se dirige; nadie la espera.

Lo único que realmente desea es alejarse lo máximo posible del puerto y del barco, que ha sido su infierno durante las últimas semanas.

Ella va indocumentada, embarazada y sola. Ella va en chanclas y manga corta.

Ella empieza a temblar, pero no deja de caminar. Ella camina más rápido.

Un líquido caliente se desliza entre sus piernas. Un pinchazo en el abdomen. Sangre. Ve su ropa manchada de sangre.

Todo da vueltas. Frío. Calor. Frío. Calor. Oscuridad. Su cuerpo en el suelo…


Cuando la niña recupera el conocimiento, lleva una bata azul celeste atada por la cintura, en la bata está escrito «Hospital Son Dureta»[16], y por la puerta entra una doctora de guardia que la informa de que acaban de practicarle un aborto. La niña se llama Aisha Coulibaly, tiene catorce años y está en Palma de Mallorca.

---

[16.]El hospital de Son Dureta ya no existe como tal, pero quería que apareciese en el relato, ya que fue el hospital donde yo nací.

Debe haber habido un ángel a mi lado.

Algo celestial me llevó a ti.

Mira al cielo, es el color del amor.

Algo celestial bajó de arriba.

Él me guio hacia ti.

Juro que el mundo entero podría escuchar los latidos
de mi corazón cuanto te miro.

Me envuelves en el color del amor.

Me diste el beso de la vida.

Debe haber sido un ángel que bajó de arriba.

Me diste el beso de la vida.

Helen Folasade Adú, Sade, *Kiss of life*.

# CAPÍTULO 8.
## LLUCMAJOR, MALLORCA, 2007

Aisha Coulibaly, nacida en Mali hacía diecinueve años, dejó de ser una mujer sin rumbo y empezó a trabajar como camarera de pisos en un hotel de S'Arenal. Allí conoció a dos muchachas más, también de Mali como ella, y con la ayuda de varias asociaciones consiguieron alquilar un piso para las tres. Aisha conoció por primera vez en su vida la felicidad en aquel piso compartido. Por fin se sentía igual al resto. Por fin se sentía respetada, tratada como un ser humano. Por fin se sentía merecedora de vivir.

Al terminar la temporada, Aisha y sus dos compañeras de piso se apuntan a la escuela de adultos. El castellano a esas alturas ya es su lengua materna, pues durante el último año es la única lengua que ha escuchado, incluso se ha enganchado a una serie —gracias a la cual prácticamente domina la lengua de Cervantes—. En clase hay una profesora, de nombre Margarita, que les pone música y les enseña canciones. También hay un alumno marroquí que acude a la escuela con su mujer, tres señores jubilados de unos setenta años, dos señoras de pelo canoso y dos chicos senegaleses. Uno de ellos huele muy bien, lleva unas deportivas blancas de marca y unos vaqueros que le sientan fenomenal. Cuando cada uno se presenta ella descubre que el chico se llama Amadou Bamba.

Amadou Bamba Ndiaye y Aisha Coulibaly se sientan juntos en clase desde hace una semana. Él se queja a veces del dolor de espalda y se levanta de la silla para caminar por el aula. Ella también se lamenta de la falta de sueño y de su soledad; pero desde que acude a la escuela se siente un poco menos sola. La pareja marroquí cocina cordero con cuscús los domingos e invita a sus compañeros de clase a comer en su pequeño estudio. El señor Bartolomé prepara hierbas dulces y las trae en su cesta de esparto. Al terminar la clase se quedan un rato hablando y toman un poquito de sus riquísimas hierbas.

Primero fueron las comidas de los domingos, después las tertulias y el licor de hierbas, al final se apuntaron a un grupo de senderismo y salían también los sábados de excursión.

Aquel sábado por la mañana, mientras bordeaban el camino de la costa que lleva hasta Cala Pi, Bamba cogió la mano de Aisha y ya nunca la volvió a soltar. Cuando dejó a la chica en la puerta de su casa, la besó con ternura mientras acariciaba su pelo trenzado. Esta vez ella no cerró los ojos, pasó sus manos por detrás del cuello y lo rodeó. Sentir la piel del chico, su olor, sus caricias…, era un bálsamo para ella. Las heridas que le habían producido tanto dolor en el pasado empezaron a curarse el día en que sus labios tocaron su boca. Para Aisha fue su primer beso. Un beso de amor…

En el patio de la escuela primaria juegan niños de más de cuarenta nacionalidades diferentes. El pequeño Ibrahim Ndiaye Coulibaly corre dando vueltas detrás de su amigo Tom. Cuando ambos se cansan de perseguirse se sientan en el suelo acolchado y abren su merienda. Ibrahim mira la merienda de su amigo y le dice:

—¿Me dejas probar tu bocadillo? ¿Lleva jamón?

—Claro, pruébalo, lleva jamón, pero de pavo.

A las dos en punto se abren las puertas del colegio. Su madre Aisha lo espera con el coche aparcado en segunda fila y con las luces de emergencia encendidas. El pequeño sube corriendo y se coloca en su sillita. Su madre le mira por el retrovisor. Los ojos negros del niño le devuelven la mirada, los mismos ojos de su padre, la misma sonrisa, el mismo pelo rizado…

Madre e hijo van a comer a la hamburguesería del centro comercial. Cuando terminan, pasean por las tiendas y compran algunos vestidos, manoletinas y medias para sus primas. También ropa deportiva. A las seis vuelven a su casa, donde les espera el padre. Amadou Bamba abre sus brazos y levanta a su hijo:

—¿Dónde estaba el niño más guapo?

Entonces Ibrahim abre mucho los ojos y le dice:

—¡Papi, aquí! ¿Es que no ves? ¿Estás cieguito?

En el cuarto piso del número cuatro de la calle Cabrera, una familia cena y prepara tres maletas llenas de ropa y regalos. Como cada mes de noviembre, los tres viajarán a Senegal. En diciembre volverán a Mallorca sin maletas, sin zapatillas, sin perfumes ni relojes…, todo lo habrán dejado en África. Celebrarán la Navidad, pondrán regalos para su pequeño Ibrahim la Noche de Reyes y retomarán el trabajo en el hotel cuando empiece la temporada turística porque la vida…, la vida está aquí.

# AGRADECIMIENTOS

A Inma Medina, amiga, profesora y traductora, porque fue ella la que me animó a escribir y la que me dio las primeras opiniones.

A mis amigas y primeras lectoras, Sonia Klein, Elisa Nebot y Susana Cano, sus opiniones me ayudaron mucho en la revisión del texto.

A mi hermana, Alicia Navarro, por cuidar de mi hijo para que yo pudiera terminar este relato.

A mi amor de juventud, Abraham Pipo Diop, cantante, músico y artista. Él ha hecho la adaptación del vocabulario wolof al español, él me llevó las primeras veces a Senegal, me enseñó las tradiciones y él es la pieza que faltaba en el puzzle de mi vida.

# Índice

Capítulo 1.
*Dakar, Senegal, 1962* ...................................................................... *11*

Capítulo 2.
*Dakar, Senegal, 1984* ...................................................................... *19*

Capítulo 3.
*Dakar, Senegal, 1986* ...................................................................... *27*

Capítulo 4.
*Dakar, Senegal, 1989* ...................................................................... *37*

Capítulo 5.
*Tenerife, España, 2005* ...................................................................... *41*

Capítulo 6.
*Mallorca, España, 2005* ...................................................................... *47*

Capítulo 7.
*Koulikoro, Mali, 2002* ...................................................................... *55*

Capítulo 8.
*Llucmajor, Mallorca, 2007* ...................................................................... *65*

Agradecimientos ...................................................................... 67